# CONTES DES 1001 PATTES

ISBN papier : 979-10-97472-00-9

ISBN pdf : 979-10-97472-01-6

ISBN epub : 979-10-97472-02-3

ISBN kindle : 979-10-97472-03-0

Dépôt légal : juin 2019

Seconde édition (première en avril 2017, initialement publiée chez un autre éditeur)
Textes ajustés pour la présente édition en août 2025.

# CONTES DES 1001 PATTES

Valérie Bessat

Fabienne Adde

# L’orque qui aimait voler

*Rien ne sert de chercher à devenir autre chose que ce que nous sommes. Il faut ÊTRE*

Il était une fois, dans le grand océan, une orque qui adorait sauter hors de l'eau.

Elle aimait sentir le vent sur sa peau, puis retomber dans un grand "plouf" qui faisait gicler l'eau tout autour d'elle.

Mais son plus grand rêve… c'était de voler comme les oiseaux.

Chaque fois qu'elle voyait un albatros passer au-dessus des vagues, elle bondissait de toutes ses forces pour essayer de rester un peu à ses côtés dans le ciel.

Les années passèrent. Ses bonds devinrent plus petits. Un jour, elle ne put plus rejoindre les oiseaux. Alors, elle se sentit très triste.

Elle plongea de plus en plus profond, là où l'eau est sombre et froide.

C'est là qu'elle rencontra un hippocampe, petit comme une feuille.

— Ne t'inquiète pas, je ne te mangerai pas, dit-elle doucement.

— Pourquoi es-tu si triste ? demanda le petit cheval de mer.

— J'ai perdu ma raison de vivre…

— Et c'était quoi ?

— Voler.

— Mais… tu es une orque, non ?
— Oui… je pensais être différente.
— Tu sais, même si on se ressemblait beaucoup, on serait quand même différents. Et c'est ça qui nous rend uniques.

L'orque resta silencieuse… puis un sourire revint dans son cœur. Elle n'avait pas besoin d'ailes pour être spéciale.

Elle remonta vers la surface et fit un saut si grand que tous les animaux de l'océan s'en souvinrent pour toujours.

# Le lion qui aimait la gazelle

*La beauté est dans la diversité.*

Il était une fois une gazelle qui courait dans la savane.

Ses pattes fines semblaient danser sur l'herbe dorée, et le soleil faisait briller son pelage.

Sous l'ombre fraîche d'un grand acacia, un lion solitaire la regardait passer.

Il se leva d'un bond : « Voilà mon repas ! » pensa-t-il.

Il s'élança, ses pattes soulevant des nuages de poussière… mais la gazelle filait plus vite que le vent, et il dut s'arrêter, le souffle court.

Essoufflé, il retourna sous son arbre préféré. Le vent chaud faisait bouger les feuilles au-dessus de lui.

Soudain, la gazelle reparut, légère comme une plume.

« Cette fois-ci, je l'attrape ! » se dit le lion.

Il bondit, mais elle glissa entre les herbes hautes comme une flèche, et disparut à l'horizon.

Et ainsi passa plusieurs jours.

Chaque fois, la gazelle s'échappait.

Peu à peu, le lion s'habitua à la voir, à entendre le martèlement joyeux de ses sabots. Il ne pensa plus à la manger.

Un matin, poussé par la curiosité, il la suivit doucement.

Elle l'emmena jusqu'à une grande plaine où tous les animaux venaient boire et manger ensemble.

Les girafes penchaient leur long cou vers les arbres, les éléphants s'aspergeaient d'eau, les zèbres broutaient paisiblement.

Le soleil se couchait, peignant le ciel de rouge et d'or.

Le lion s'assit et regarda autour de lui.

La gazelle était là, avec tous les autres.

Il sourit.

Il comprit que c'était grâce à leurs différences que ce paysage était si beau.

# La grenouille qui aimait chanter le jour

*Nous sommes ce que nous pensons. Nos pensées créent notre vie.*

Il était une fois une petite grenouille qui n'aimait pas la nuit.

Chaque matin, dès que le soleil se levait, elle sortait de sa feuille de nénuphar, coassait deux fois… et n'entendant personne lui répondre, elle retournait se coucher.

Quand la nuit arrivait, ses amis grenouilles la réveillaient pour chanter avec elles.

Elle ouvrait un œil, grognon : « Encore ?! »

Et chaque jour, elle pensait : *Impossible de chanter le jour.*

Mais un matin, elle en eut assez.

Elle décida que, cette fois, elle chanterait au soleil, même si elle devait être seule.

Elle attrapa quelques moustiques et moucherons pour ne pas avoir faim, grimpa sur un gros caillou au bord de l'eau… et commença à chanter.

Elle chanta longtemps.

Sa voix roulait comme de petites bulles dans l'air chaud.

Petit à petit, ses amis grenouilles ouvrirent un œil, puis deux. Intriguées, elles s'approchèrent.

Elles découvrirent que le jour, il y avait aussi des insectes à croquer… et que la lumière faisait briller les ailes des libellules.

Depuis ce jour-là, grâce à la petite grenouille, toute la famille profitait autant du jour que de la nuit.

# L'ours qui volait le miel des abeilles

*Il faut apprendre à travailler ensemble pour construire plus grand.*

Il était une fois un ours qui adorait le miel.

Il l'aimait tellement que, chaque jour, il allait en voler dans la ruche des abeilles.

Mais un matin, les abeilles l'attendaient.

Elles sortirent toutes en même temps et bourdonnèrent autour de lui comme une tempête.

L'ours courut jusqu'à la rivière et plongea dans l'eau froide pour les fuir.

Le lendemain, il voulut recommencer… mais, en entendant le bourdonnement, il s'arrêta à mi-chemin.

Les abeilles étaient déjà prêtes à se défendre.

Quelques jours plus tard, il eut une idée.

À l'orée de la forêt, il trouva un petit jardin plein de fleurs colorées.

Il en fit un grand bouquet qui sentait bon et retourna doucement vers la ruche.

— Petites abeilles, dit-il d'une voix calme, je vous propose un échange : ces fleurs contre un peu de miel.

Les abeilles tournèrent autour du bouquet.

Le pollen s'envola comme une fine poussière dorée, et elles le récoltèrent avec joie.

Quand elles eurent fini, elles rentrèrent dans la ruche.

L’ours prit alors, avec respect, une petite poignée de miel.

Chaque jour, il apporta de nouvelles fleurs à ses amies abeilles.

Et chaque jour, elles lui offraient du miel en retour.

Plus jamais elles ne l’attaquèrent.

Ils avaient appris à travailler ensemble.

# L'abeille qui prenait le soleil

*Il faut savoir profiter de l'instant présent.*

Il était une fois une petite abeille qui vivait avec toutes ses sœurs et ses frères dans une grande ruche dorée.

Chaque jour, elle travaillait sans arrêt : butiner, rapporter du pollen, fabriquer du miel… sans jamais s'arrêter.

Un matin, en rentrant, elle se perdit. Fatiguée, elle se posa sur un grand tournesol jaune. Les pétales doux lui faisaient comme un lit chaud. Elle pensa à sa famille et se demanda ce qu'ils faisaient.

La journée passa lentement. Rien ne troublait le calme. Le soleil glissait sur ses ailes comme une caresse. Quand il se coucha, elle était toujours là, à regarder autour d'elle.

La nuit tomba. Elle s'endormit au milieu des pétales et se réveilla avec la lumière du matin. Elle chercha sa ruche dans le champ… mais ne trouva rien. À la place, elle vit quelques gouttes de miel au sol. Elle comprit alors : la ruche avait été déplacée.

Elle retourna voir son tournesol. Chaque jour, elle butinait les petites fleurs autour, observait les coccinelles, les papillons, et profitait de la chaleur du soleil.

Un après-midi, elle aperçut au loin un grand nuage d'abeilles qui volaient ensemble. C'était sa famille ! Elle battit des ailes et les rejoignit.

Depuis, elle n'eut plus beaucoup de temps pour se reposer…

Mais elle n'oublia jamais ce que le tournesol lui avait appris : profiter de chaque instant, chaque minute, chaque seconde.

# Le hérisson qui avait une faim de loup

*On ne gagne rien à combler le vide qui est en nous. Il faut l'accepter.*

Il était une fois un hérisson qui vivait seul dans un jardin.

Ses parents et ses frères et sœurs habitaient dans un grand tas de feuilles, près d'un étang qui sentait la mousse et l'eau fraîche.

Ce grand frère hérisson voulait toujours que ses parents le reconnaissent comme le plus grand et le plus intelligent, et qu'ils lui disent qu'il avait raison.

Mais ses parents étaient souvent occupés à s'occuper des plus jeunes.

Un jour, le hérisson se sentit trop seul.

Il décida de partir plus loin, à la recherche d'un endroit où il se sentirait aimé.

Après avoir traversé l'herbe humide et des buissons qui grattaient son dos, il découvrit un grand jardin rempli d'insectes.

Chaque soir, il se régalait, son ventre rond et chaud après le repas.

Mais un jour, il eut envie de revoir ses parents.

Il se dirigea vers le grillage… et tenta de grimper.

Ses petites pattes glissèrent, son ventre lourd le tirait vers le bas.

Il avait tant mangé qu'il ne pouvait plus passer.

Alors, en attendant de redevenir assez léger, il passa de longues heures à réfléchir.

Les pattes repliées sous lui, il écoutait le vent dans les herbes et les grillons qui chantaient.

Et il comprit : ce qui lui manquait vraiment, c'était de s'aimer lui-même.

Il avait cherché à remplir ce vide avec de la nourriture… mais le seul vrai remède était d'accepter de ne pas être parfait.

Quelques jours plus tard, plus léger et le cœur plus doux, il grimpa le grillage.

Et de l'autre côté, ses parents l'attendaient, très inquiets mais heureux de le serrer contre eux.

# La petite souris qui avait peur de l'éléphant

*Nos doutes sont des traîtres et ils nous privent de ce que nous pourrions souvent gagner de bon, parce que nous avons peur d'essayer*

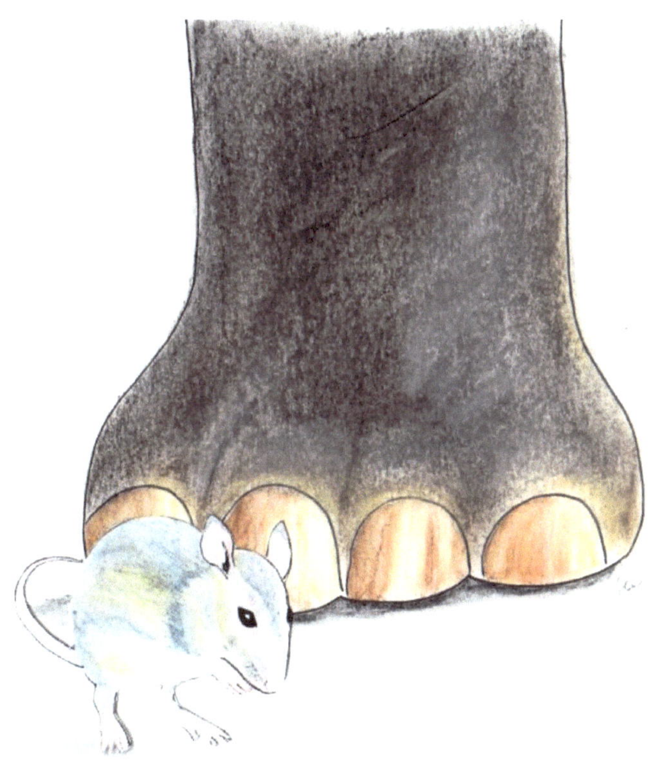

Il était une fois une petite souris qui avait très peur des éléphants…

Et pourtant, elle n'en avait jamais vu.

Un jour, alors qu'elle fouillait dans la paille, un jeune éléphant arriva.

En apercevant la souris, il sursauta et recula d'un pas :

— J'ai peuuuur ! Tu vas me mordre !

La petite souris, qui tremblait aussi, répondit :
— Moi aussi j'ai peur… Tu vas m'écraser !
— Non, moi j'ai plus peur que toi !
— Non, moi !
— C'est moi le plus grand, donc c'est moi qui ai le plus peur !

La souris monta sur le rebord d'une fenêtre et le regarda droit dans les yeux :

— C'est vrai que tu es beaucoup plus grand que moi… Tu me promets de ne pas m'écraser ?

— Promis. J'ai bien trop peur de toi pour même te toucher, dit l'éléphant.

— Dis… est-ce que je peux venir sur ta tête ? Je te promets de ne pas te mordre, mais seulement si tu ne m'écrases pas.

— Aucun risque, viens donc ! répondit l'éléphant en la soulevant doucement avec sa trompe.

— Waaaah ! cria la souris une fois perchée. La vue est magnifique d'ici ! Je n'aurais jamais imaginé que le monde était si grand et si beau !

— Merci ! Tu peux me gratter derrière l'oreille, là ? demanda l'éléphant.

— Bien sûr ! répondit la souris en riant.

Et c'est ainsi que la petite souris et le jeune éléphant devinrent de grands amis… et qu'ils n'eurent plus jamais peur l'un de l'autre.

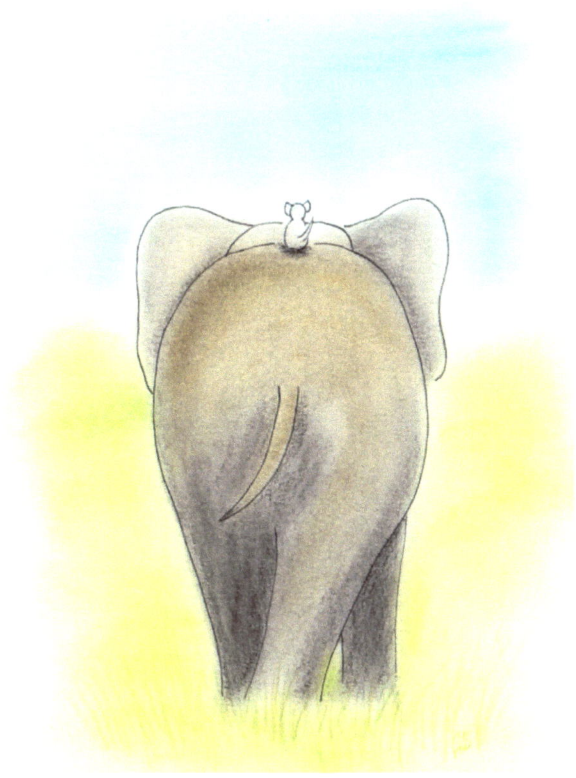

# Le tigre qui avait peur d'être rayé

*Si tu passes ta vie à attendre l'orage, tu n'apprécieras jamais les rayons du soleil*

Il était une fois un jeune tigre qui vivait dans la jungle.

Il avait beaucoup d'amis, mais il avait une grande peur : qu'un jour, l'un d'eux oublie de l'inviter à son anniversaire.

Chaque fois qu'approchait la saison des fêtes, il vérifiait son agenda.

Et à chaque carton d'invitation reçu, il soupirait de soulagement.

Un matin, en allant à l'école des tigres, il croisa un jeune lion.
— Excuse-moi, tu as l'heure ? demanda le lion.
— Désolé, pas le temps ! répondit le tigre en courant.

Le lendemain, le lion posa la même question.

Et le lendemain encore.

Mais chaque fois, le tigre l'ignora : il voulait arriver vite pour retrouver ses amis.

Un jour pourtant, il trouva ça étrange que le lion insiste autant.

Il s'arrêta, regarda sa montre et répondit :

— Il est neuf heures.

Les yeux du lion s'illuminèrent :

— Ah, enfin ! Est-ce que tu veux être mon ami ?

Le tigre resta surpris… puis il sourit.

Il comprit qu'à force d'avoir peur d'être oublié par ses amis, il avait failli passer à côté d'une belle rencontre.

Dès ce jour, le tigre et le lion devinrent inséparables.

Et le tigre apprit qu'il fallait profiter des moments de soleil… au lieu de craindre toujours l'orage.

# La fourmi qui voulait prendre des vacances

*Après le travail vient le calme intérieur pour se ressourcer.*

Il était une fois une fourmi qui travaillait sans arrêt.

Elle avait bien pensé à prendre des vacances… mais chaque fois qu'elle allait enfin profiter du soleil, un arbre donnait de beaux fruits ou un insecte tombait devant sa maison.

Elle se disait : Ce serait dommage de gaspiller cette nourriture.

Alors elle la ramassait, la rangeait… et repoussait ses vacances au lendemain.

Quand le froid arriva et que les feuilles tombaient devant sa porte, elle travaillait encore : ranger, nettoyer, préparer.

Un jour, son amie l'abeille vint frapper à sa porte :
— Tu n'as toujours pas pris de vacances ??
— Oh non, comme tu vois, j'ai toujours quelque chose à faire.
— Mais tu fais au moins des pauses ?
— Non, non, je n'arrête pas…
— Fais attention à toi, tu vas finir par tomber malade !

L'abeille repartit.

Et bientôt… atchoum ! une fois… atchoum ! deux fois… puis trois.

Une grosse goutte coula de son nez : la fourmi avait attrapé un rhume.

Même malade, elle essayait de continuer à nettoyer.

Mais elle repensa aux mots de son amie.

Elle s'allongea, ferma les yeux… et fit silence dans sa tête.

Elle se reposa, se soigna, et promit qu'elle ne travaillerait plus jamais jusqu'à tomber malade.

# Le crocodile qui avait mal aux dents

*N'oublie pas que chaque nuage aussi noir soit-il a toujours une face au soleil*

Il était une fois un crocodile qui vivait dans une mare en pleine savane.

Chaque année, il redoutait la saison sèche : il y avait beaucoup d'animaux à manger… mais aussi beaucoup d'autres crocodiles.

Et cela finissait toujours en bagarres.

Un jour, il dévora un zèbre bien chaud.

Mais un gros os se coinça entre deux de ses dents.

Aïe ! La douleur était si forte qu'il se mit à pleurer.

Un hippopotame, intrigué, s'approcha :

— Viens avec moi, je vais t'aider.

Ils se mirent en route.

Pendant tout le chemin, le crocodile gémissait :

— Je veux rentrer chez moi… je veux retourner à ma mare…

Au bout d'un long moment, ils arrivèrent devant un grand lac.

L'eau y brillait au soleil, des oiseaux chantaient dans les arbres, et une source claire coulait entre les rochers.

Des animaux venaient s'y désaltérer dans le calme.

L'hippopotame aida le crocodile à retirer l'os.

La douleur disparut aussitôt.

Le crocodile sourit : ce lac était un vrai paradis.

Il comprit que sans ce mal de dent, il ne l’aurait jamais découvert.

Il décida donc de rester là avec son nouvel ami, l’hippopotame.

# Le panda qui avait un coup de blues

*Ne regarde pas en arrière les yeux pleins de regrets; Regarde plutôt en avant les yeux pleins d'espoir.*

Il était une fois un panda qui vivait paisiblement avec sa famille dans une grande forêt de bambous.

Les tiges vertes dansaient doucement au vent, les feuilles bruissaient comme un murmure, et l'air sentait la pluie fraîche.

Chaque jour, le panda s'asseyait dans l'ombre et grignotait les jeunes pousses sucrées, entouré de ses parents.

Mais un matin, tout changea.

Un feu immense se propagea dans la forêt.

Les flammes léchaient les bambous, la fumée grise piquait les yeux.

Le panda eut très peur… et perdit de vue ses parents.

Il passa des jours à les chercher.

Chaque heure lui semblait longue comme un jour entier.

Il suivait les traces dans la terre, mais ne trouvait rien.

Un matin, il croisa un petit panda roux.
— Pourquoi as-tu l'air si triste ? demanda le panda roux.
— J'ai perdu mes parents dans un incendie… et je ne les retrouve plus.
— Je comprends ta peine. Moi aussi j'ai perdu les miens. Et si nous cherchions un nouveau lieu ensemble ?

Le grand panda regarda le petit.

Il lui sourit, et tous deux cherchèrent encore un peu leurs familles… mais sans succès.

Alors ils décidèrent de trouver un endroit paisible, avec beaucoup de bambous.

Les feuilles y chantaient au vent, l'air y était doux.

Ils s'installèrent côte à côte, heureux de s'être trouvés.

Le grand panda se promit de ne plus regarder le passé avec tristesse, mais de profiter de chaque jour avec son nouvel ami fidèle.

# Le zèbre qui voulait être brun

*Être différent n'est ni une bonne, ni une mauvaise chose. Cela signifie juste que nous sommes suffisamment courageux pour être nous-mêmes*

Il était une fois un zèbre qui vivait dans un zoo.

Il était né là et n'avait jamais vu la savane.

Pour lui, c'était normal de vivre derrière une barrière, et de manger du foin tous les jours.

Un matin, les propriétaires du zoo décidèrent de regrouper quelques animaux.

Ils placèrent, juste à côté du zèbre, un couple de magnifiques chevaux sauvages.

Leurs robes brillaient au soleil.

Le zèbre les regarda et se sentit de trop.

*Si seulement j'étais tout brun comme eux*... pensa-t-il.

Quelques semaines plus tard, le zoo accueillit d'autres chevaux, cette fois tout blancs.

Parmi eux, une jument blanche aux yeux doux.

Le zèbre tomba aussitôt sous son charme.

Ils parlèrent longtemps à travers la barrière.
— Tes rayures sont magnifiques, lui dit la jument.
— Vraiment ? Mais… je voulais te ressembler.
— Pourquoi ? Tes rayures te rendent unique.

Le zèbre resta silencieux.

Puis il pensa : Peut-être que je suis un mélange parfait : brun comme les chevaux sauvages, blanc comme la jument… et rayé comme moi seul peux l'être.

Ce jour-là, il se sentit fier d'être un zèbre.

# La chenille qui voulait devenir papillon

*Quand on devient papillon, on essore nos ailes de nos blessures... Pour devenir un papillon éclatant de bonté et de lumière*

Il était une fois une petite chenille, installée sur sa feuille, en train de la grignoter.

Elle rêvait de devenir papillon le plus vite possible.

Alors elle mangeait tout ce qu'elle trouvait.

Mais plus elle mangeait, plus certaines chenilles se moquaient d'elle.

— Regarde comme elle est grosse ! disaient-elles.

Pour oublier ces moqueries, la petite chenille mangeait encore plus.

Bientôt, elle eut du mal à se déplacer.

Triste et fatiguée, elle se mit à pleurer.

Elle décida alors de tisser son cocon, pour ne plus voir personne.

Bien au chaud à l'intérieur, elle attendit longtemps… très longtemps.

Puis, un matin, elle sentit que le moment était venu.

Elle ouvrit doucement son cocon.

Ses ailes se déployèrent, brillantes comme du soleil.

Elle les laissa sécher, les battit une première fois… et s'envola.

Elle n'était plus triste.

Elle était devenue le papillon monarque dont elle avait toujours rêvé, fière du chemin qu'elle avait parcouru.

# Le hibou qui voulait être parfait

*L'idéal de la vie n'est pas l'espoir de devenir parfait mais la volonté d'être toujours meilleur*

Il était une fois un hibou qui, chaque nuit, voulait être le meilleur chasseur.

Il rêvait d'attraper beaucoup de proies et de se poser sur les branches sans faire le moindre bruit.

Mais il n'y arrivait pas.

Il peinait à attraper assez de souris et de musaraignes.

Et chaque fois qu'il se posait, ses ailes faisaient un grand "frouf !" qui réveillait tout le monde.

Les autres hiboux se moquaient de lui, et il pleurait souvent en silence.

Un soir, il croisa une chouette qui volait avec élégance, ses plumes glissant dans l'air comme une caresse.

Timide, il s'approcha :

— Quel est ton secret ? demanda-t-il.

La chouette répondit simplement :

— Je n'essaie pas d'être parfaite. J'essaie juste de faire de mon mieux.

Le hibou resta surpris par cette réponse.

Il décida d'essayer.

Chaque nuit, il se concentra sur un seul objectif : mieux faire que la veille.

Et peu à peu, il attrapa plus de souris, plus de musaraignes… et réussit même à se poser sans bruit.

Il avait compris : le secret n'était pas d'être parfait, mais de toujours avancer, un petit pas après l'autre.

# Le colibri qui voulait butiner toutes les fleurs

*À vouloir faire trop de choses en même temps on oublie l'essentiel*

Il était une fois un colibri, un petit oiseau aux ailes si rapides qu'on les voyait à peine.

Il adorait butiner toutes sortes de fleurs.

Il aimait tellement la diversité des goûts qu'il passait ses journées à voler d'une fleur à l'autre, sans jamais s'arrêter.

Mais à force, il s'épuisait.

Un jour, il croisa une abeille qui, elle aussi, buvait du nectar.

Il remarqua qu'elle mangeait lentement.

Après chaque fleur, elle se déplaçait doucement vers la suivante, puis recommençait.

Intrigué, le colibri s'approcha :
— Pourquoi ne vas-tu pas plus vite ?
— Parce que je prends le temps de profiter de chaque fleur, répondit l'abeille. Je goûte entièrement le nectar, puis je passe à la suivante. Je déguste chaque fleur que l'univers met sur ma route.

Le colibri resta sans voix.

Il ne comprenait pas vraiment… mais il décida d'essayer.

Il se posa sur une fleur et butina lentement, jusqu'à la dernière goutte.

Quelle surprise ! Le goût était plus doux, plus riche que tout ce qu'il avait connu.

Dès ce jour, il décida de savourer chaque fleur, comme un cadeau.

## Un mot sur l'auteur

Passionnée depuis toujours par l'écriture, j'ai publié en 2016 mon premier recueil de poèmes aux éditions Edilivre.

Ce second livre me tient particulièrement à cœur.
À travers ces contes, j'ai souhaité offrir aux enfants des histoires porteuses de valeurs : l'amour, le courage, la persévérance… et, plus que tout, l'envie d'être pleinement *SOI*.

Valérie BESSAT

## Un mot sur l'illustratrice

Éducatrice de jeunes enfants pendant 27 ans, et formée à la sophrologie, je me suis reconvertie dans l'écriture et l'illustration pour enfants.

Mes illustrations amènent une fraîcheur naturelle aux textes pour le plus grand plaisir des enfants.

J'adapte et je donne vie à vos écrits pour susciter la curiosité et l'intérêt de l'enfant, rendant ainsi simple ce qui est complexe par le dessin.

Une façon originale et ludique de partager, communiquer, expliquer ou enseigner.
https://www.laplumefabuleuse.fr/

Je publie également des contes, sous le nom de plume Gabrielle Phillips.

Les Histoires Magiques de Gabrielle sont des contes thérapeutiques qui permettent d'amener les changements chez l'enfant tout en douceur.
(https://www.fabienneadde.com/mes-livres-p235204.html)

Fabienne ADDE

# Remerciements

Je veux d'abord remercier profondément Fabienne. Elle a fait un travail formidable et notre collaboration a été à la fois lumineuse et pleine de plaisir.

Merci aussi à l'univers de m'avoir mise sur son chemin… par "hasard".

Pour être honnête, ce n'était pas gagné pour trouver une illustratrice !

Un grand merci également à mes relecteurs : Blandine, ma maman et ma sœur.

Merci à mes filles, qui ont écouté les histoires en avant-première et m'ont prouvé que c'était une bonne idée.

Et enfin, merci à vous, lecteur, d'avoir ce livre entre vos mains.

Partagez-le encore et encore.

Laissez voyager ces histoires, pour toucher les cœurs, éveiller les consciences et, je l'espère, semer un peu plus d'amour et de lumière dans le monde.

**MERCI**

Valérie Bessat

www.ingramcontent.com/pod-product-compliance
Ingram Content Group UK Ltd.
Pitfield, Milton Keynes, MK11 3LW, UK
UKHW060405300726
14090UKWH00006B/446

* 9 7 9 1 0 9 7 4 7 2 0 0 9 *